mofusand

英会話

イラスト ぢゅの

INTRODUCTION

はじめに

このたびは『mofusandの英会話』を手にとっていただき、ありがとうございます。

本書は、とってもキュートでちょっとシュールなもふもふのにゃんこたちに癒されな

がら、英会話を学ぶことができる本です。

mofusandのにゃんこたちの日常を、シンプルな英語フレーズで表現しました。

語学でもそれ以外のことでも、新しい何かに挑戦するときにはまずは楽しむことが

何より大切です。

本書には、語学書や、試験対策本ではあまり目にしない、けれどついつい使って

みたくなるような楽しいフレーズをギュッと詰め込みました。

I'm a happy camper.「幸せです」（p61）や、What a coincidence!「すごい偶

然だね」（p110）など、難しい文法や語法を意識しなくても、まるごと覚えてその

まま使える表現を選んでいます。

きっと、今の気分にぴったりなフレーズや、お気に入りの表現を見つけていただけ

ることと思います。

また、どのページでも、愛らしいにゃんこたちがあなたの英語学習に寄り添います。

ぜひパラパラとページをめくって、イラストとフレーズを眺めてみてください。

フレーズとイラストがリンクしているので、記憶の定着にも効果的です。

何より、mofusandといっしょなら、英語へのニガテ意識もなんだかやわらいでい

く気がしませんか?

本書が英語に興味を持っていただくきっかけとなり、新しい体験や素敵な出会い

につながるはじめの一歩となったなら、これ以上に嬉しいことはありません。

CONTENTS
もくじ

CHAPTER
1
ふれあう
- 9 -

CHAPTER
2
きもち
- 37 -

HOW TO USE

本書の使い方

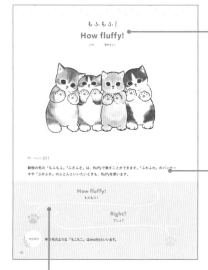

POINT

mofusandのにゃんこたちの様子を、5~7語程度の短い英文にしています。音声といっしょに読むと、より楽しく覚えられます。

POINT

実際の会話でのやりとりを掲載しています。ネイティブの気持ちになって読んでみましょう。

POINT

かんたん解説で、知識を深めながら楽しくフレーズを覚えられます。英語のおもしろ豆知識もいっぱい詰まっています。

DOWNLOAD

音声ダウンロードの方法

以下のURL、もしくはコードから音声をダウンロードして、ネイティブの発音を
聞いてみましょう。YouTubeでも音声を聞くことができます。

🔊 無料音声(MP3形式)

http://liberalsya.com/mofusand-voice_dl/

🔊 無料音声(YouTube)

https://youtu.be/g3hciqrzUiE

※パソコンやスマホなどからアクセスできます。
※圧縮されたZIP形式としてダウンロードされますので、ソフトやアプリ等で解凍してからご利用ください。

 パソコンの場合

① http://liberalsya.com/mofusand-voice_dl/
にアクセスし、ダウンロードしたい章をクリック。
②ダウンロードフォルダ内にファイルが保存されます。

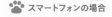 スマートフォンの場合

■ 方法1

①お使いのインターネットブラウザを起動し、
http://liberalsya.com/mofusand-voice_dl/ にアクセス。
②ダウンロードしたい章をタッチ。
③ダウンロードが完了すると、スマホの最新情報の欄に完了のお
知らせが表示されます。
※注意：設定によりファイルが格納されるフォルダが違います。

■ 方法2

①カバーのそで部分(カバー裏から本の内側に折り込まれている
部分)についているコードを読み込む。
②ダウンロードサイトに移動しますので、ダウンロードしたい章を
タッチ。あとは方法1と同様です。

CHAPTER 1

ふれあう

ついついくっつき、ふれあいたくなってしまう、もふもふの仲間たち
キュートなmofusandたちがふれあう様子をのぞいてみましょう

もふもふ！
How fluffy!

ハウ　　　フラフィー

🔊 Track 001

動物の毛の「もふもふ」「ふさふさ」は、fluffyで表すことができます。「ふわふわ」のパンケーキや「ふかふか」のふとんといいたいときも、fluffyを使います。

How fluffy!
もふもふ！

Right?
でしょ？

MEMO　羊の毛のような「もこもこ」はwoollyといいます。

ここが落ち着くの
I feel relaxed here.

アイ　フィール　リラックスト　　　ヒア

🔊 Track 002

この場合の「落ち着く」は形容詞のrelaxedで表現できます。動詞のrelaxを使って、I can relax here.ということもあります。落ち着く場所はそれぞれですね。

Move!
どいて！

No! I feel relaxed here.
やだ！ ここが落ち着くの

MEMO　relaxedの代わりにcomfortableを使うこともできます。

ぬくぬく

I'm warm and snug.

アィム　　　**ウォーム**　　　アン　　　ス**ナ**ッグ

🔊 Track 003

snugは「(あたたかくて) 居心地がいい」という意味です。ふとんやこたつに入っているときの心地よさを表したいときに、ぜひ使ってみてください。

I'm warm and snug.
ぬくぬく

Why are you there?
なんでそこにいるの?

MEMO　**I'm**の代わりに**I feel**でもOKです。

12

すりすり
Nuzzle nuzzle.
ナズル　　　　　　　ナズル

🔊 Track 004

nuzzleは、鼻を相手とこすり合わせて愛情を示す動作を表します。ほおずりや、ねこなどが頭や体を飼い主にこすりつける動作にも使うことができます。

Nuzzle nuzzle.
すりすり

Hey! Stop it.
ちょっと！ やめてよ

MEMO My cat nuzzles me.（うちのねこは私にすりすりします）のように使うこともできます。

なでなでしてもいい?
Can I pet him/her?

キャナイ　ペットゥ　ヒム/ハー

🔊 Track 005

このpetは「なでる」という意味の動詞です。動物の毛並みにそって優しくなでるという意味合いがあります。ぽんぽんと軽くたたく感じでなでるときは、patを使うこともできます。

Can I pet him?
なでなでしてもいい?

Sure!
どうぞ

MEMO　petの過去形と過去分詞形は、pettedです。

かわいい〜

He/She is so cuddly.

ヒー/シー　　イズ　ソー　　**カ**ドリィ

🔊 Track 006

cuddlyは「抱きしめたくなるほどかわいい」という意味です。動物やぬいぐるみを抱きしめながらかわいがるときにぴったりな言葉です。もちろん、cuteやsweetでもOKです。

She is so cuddly.
かわいい〜

Do you wanna give her a cuddle?
だっこしてみる？

MEMO

cuddly 形 かわいい
cuddleは「だっこする」「抱きしめる」という意味です。

ひっかかないで！
Don't scratch me!

ドント　　　　スクラッチ　　　　ミー

🔊 Track 007

scratchは、つめなどの鋭いものでひっかく動作を表します。名詞だと「すり傷」という意味になり、How did you get the scratch?（そのひっかき傷どうしたの？）という感じで使います。

Ouch! Don't scratch me!
いたっ！　　ひっかかないで！

Oh, sorry.
あっ、ごめん

MEMO　　「うちの猫にひっかかれた」は My cat scratched me. といいます。

だっこ~

Pick me up!

ピック　ミー　**アップ**

🔊 Track 008

子どもが親などにだっこをせがむときのいい方です。抱き上げるというニュアンスがあります。
「持ち運ぶ」という意味のcarryを使って、Carry me!ということもあります。

Pick me up!
だっこ~

Fine.
しかたないな~

MEMO　pick 人 upは「迎えに行く」という意味でもよく使われます。

ぎゅっとして
Hug me!
ハグ　ミー

む
き
ゅ

🔊 Track 009

ハグしてほしいときの最も直接的ないい方です。特別な人以外には、Give me a hug.やCan you give me a hug?ということのほうが多いです。

Hug me!
ぎゅっとして

Of course!
もちろん

MEMO　「ハグしてもいい?」はCan I give you a hug?といいます。

肩車して
Carry me on your shoulders.

キャリー　　　ミー　　　オン　　　ユア　　　　　ショルダーズ

🔊 Track 010

直訳すると「あなたの肩の上に私をのせて運んで」なので、「肩車して」という意味になります。

Carry me on your shoulders.
肩車して

You're getting heavy.
重くなったなぁ

MEMO　「おんぶして」はGive me a piggyback ride.といいます。

19

いつもじゃれあってるね

They're always playing with each other.

ゼイァ　　　　オールウェイズ　　　　プレイング　　　　ウィズ　　　イーチ　　　アザー

🔊 Track *011*

「じゃれあう」はplay with each otherといいます。ちなみに、「いっしょに遊ぶ」はplay togetherです。言い間違えないよう注意してくださいね。

They're always playing with each other.
いつもじゃれあってるね

Right! They're very close.
ほんとにそう！　とても仲良しなの

MEMO　会話に出てきた「仲良し」は、closeやlike each otherということができます。

ずっとそばにいるよ

I'll always be by your side.

アィル　　オールウェイズ　　ビー　　バイ　　ユア　　サイド

🔊 Track 012

byには「〜のそば」という意味があります。似たような言葉にon your sideがあり、I'm on your sideで「私はあなたの味方だよ」という意味になります。

I'll always be by your side.
ずっとそばにいるよ

Thanks, you are so kind.
ありがとう、やさしいね

MEMO　　未来形の文にalwaysをつけると、「ずっと」というニュアンスが出ます。

いいこ、いいこ

Good boy/girl.

グッ　　　　　　　ボーイ／ガール

🔊 Track 013

「よしよし」と頭をなでるときは、There thereというのが定番ですが、よしよししてほめるときには、このようないい方をすることもあります。ペットをほめるときにも使えます。

Mom, I did my best.
ママ、ぼくがんばったよ

Good boy.
いいこ、いいこ

MEMO　よしよししてなだめるときには、Poor you/thing.もいいでしょう。

ピタッとくっついてます

We're sticking together.

ウィア　　　　　スティッキン　　　　トゥギャザー

🔊 Track 014

stickには「くっつく」という意味があり、stick togetherで「くっつき合う」となります。人が「離れないでいっしょにいる」「協力し合う」という意味で使うこともあります。

We're sticking together.
ピタッとくっついてます

That's so cute!
かわいい！

MEMO　stickには、I stuck a poster on the wall.（かべにポスターを貼った）のように、「貼る」という意味もあります。

23

ちょっと離れて

Can you move a little bit?

キャニュー　　　　　ムーヴァ　　　　　リルビット

🔊 Track 015

相手に動いてほしいので、「動く」という意味のmoveを使います。前、または後ろに動いてほしいときは、moveの後ろにforward/backをつけます。

Can you move a little bit?
ちょっと離れて

OK.
わかった

 MEMO　　丁寧にお願いしたい場合は、Can youをCould youに代えましょう。

重ね着してあたたかくしてね
Bundle up and stay warm.

バンドル　　　　　　アッペン　　　　　　ステイ　　　　　　ウォーム

🔊 Track 016

bundle upは「衣類を着込む」、「毛布にくるまる」という意味です。あたたかくして過ごしてほしいときや、寒い季節の別れ際のあいさつとして、stay warmを使います。

Bundle up and stay warm.
重ね着してあたたかくしてね

Thanks. You shouldn't have.
ありがとう。そこまでしてくれなくていいのに

MEMO　stayの代わりにkeepを使うこともできます。

お似合いだね
You two are a perfect match.

ユー　　　トゥー　　　アー　　ラ　　パーフェクト　　　　マッチ

🔊 Track **017**

a perfect matchで「お似合い」という意味になります。カップルには、You two are a perfect couple.ということもできます。perfectというほどでなければ、goodでもいいでしょう。

You two are a perfect match.
お似合いだね

We know.
知ってる

MEMO　服や持ちものが似合っていることを伝えたいときはIt suits you.といいます。

しっかりつかまって

Hold on tight.

ホールドォン　　　　　タイト

🔊 Track 018

hold onは「つかまる」「しがみつく」、tightは「しっかり」という意味です。「～につかまって」は、onの後ろにto ～をつけて、Hold on to the rope.（ロープにつかまって）のようにいいます。

I'm scared.
こわいよ～

Hold on tight.
しっかりつかまって

MEMO　電話での「少々お待ちください」はHold on, please.といいます。

早く下ろして！
Put me down now!

プッ　ミー　ダウン　ナウ

🔊 Track 019

自分のことを持ち上げている人に「下ろして」と頼むときはputを使いますが、高いところから下りるのを手伝ってほしいときは、Get me down from here!といいます。

Put me down now!
早く下ろして！

Here you go.
はい、どうぞ

MEMO　put downは、もともと「下に置く」という意味で、対義語はpick upです。

傘に入れてあげる

I'll share my umbrella with you.

アィル　　　シェア　　　マイ　　　アンブレーラ　　　ウィズ　　　ユー

🔊 Track 020

傘にいっしょに入ることは、share one's umbrellaといいます。「相合傘で」は、under one umbrella といういい方で表すことができます。

I'll share my umbrella with you.
傘に入れてあげる

Oh, thank you for doing this.
ありがとう

MEMO　　「傘をさす」はopen/use an umbrellaといいます。

くすぐったいよ
That tickles.

ザッ　　　　ティックルズ

🔊 Track 021

tickleは「くすぐる」「くすぐったい」という意味です。「こちょこちょ」というオノマトペも
tickleで表します。くすぐるのをやめてほしいときは、Stop tickling!といいましょう。

Tickle, tickle, tickle..
こちょこちょ

That tickles.
くすぐったいよ

MEMO　　I'm ticklish.は「くすぐったがりです」という意味です。

うちのねこは犬になついています

My cat is friendly with my dog.

マイ　　キャット　イズ　　フレンドリィー　　　　ウィズ　　マイ　　　ドッグ

🔊 Track 022

「なついている」はfriendlyで表すことができます。「うちのねこは人なつっこい」もfriendlyを使って、My cat's friendly.ということができます。

My cat is friendly with my dog.
うちのねこは犬になついています

My cat doesn't like dogs.
うちのねこは犬が苦手なんだよね

MEMO　　isの代わりにbecomeを使うと「なつくようになる」という意味合いになります。

もうちょっとここにいさせて
Can I stay here a bit longer?

キャナイ　　　ステイ　　　ヒア　　　ア　　ビッ　　　ロンガー

🔊 Track 023

この場合の「いる」には、stayを使います。こんなかわいいこにいわれたら、Get down!（下りて！）とかGo away!（あっち行って！）とはいえなくなりそうです。

Can I stay here a bit longer?
もうちょっとここにいさせて

You can stay forever.
ずっといていいよ

MEMO　Can Iの代わりにLet meを使うこともできます。

仲良くしてね
I hope we can be friends.

アィ　　　ホープ　　ウィー　　　キャン　　　ビー　　　　　フレンズ

🔊 Track 024

友達になりたいなと思った人に対して使います。be friendsは「友達でいる」の意で、告白を断るときにJust be friends.（友達でいましょう）のように使うこともできます。

I hope we can be friends.
仲良くしてね

Likewise.
こちらこそ

MEMO　　「ずっと友達だよ」はWe will be friends forever.といいます。

ねこの英語フレーズ [Phrases for Cat Lovers] 🔊 Track 025

Do you have any pets?

ペットを飼っていますか？

I have cats.

ねこを飼っています

ペットは英語でpetです。複数のペットを飼っている可能性があるので複数形で聞いていますが、単数形でも構いません。

Are you a dog person or a cat person?

犬派ですか？ねこ派ですか？

I'm a cat person.

ねこ派です

「○○派」は○○personといいます。a morning person（朝型人間）、a coffee person（コーヒー派）のように使います。

I have to take my cat to the vets.

動物病院に連れていかなくちゃ

take 人／動物 to ～で「人／動物を～へ連れていく」という意味です。動物病院はanimal hospitalでも通じますが、「獣医」を意味するveterinarianを短くしたvetというのが一般的です。

My cat is kneading.

ねこが前足でふみふみしています

kneadは「こねる」という意味で、ふみふみ、
もみもみしている様子を表すことができます。
肩を揉むときや、生地をこねるときにもknead
を使います。

My cat is wagging its tail/sticking its tail up.

ねこがしっぽを振っています／立てています

しっぽを「振る」はwag、「立てる」はstick 〜
upといいます。itsではなく、his/herを使うこ
とも多いです。

My cat shows her belly.

ねこがお腹を見せています

「へそ天」の状態を表す表現です。show one's
stomachということもできます。

ねこの柄は何という?

英語でねこの話をするときに、柄（pattern）が話題になることもあるはず。色はいえても柄は何というかわからない、なんていうことにならないよう、柄を表す言葉をまとめました。

柄・色	英語	くわしく
単色	solid（ソリッド）	白猫、黒猫など、1色の猫
ブチ猫	bicolor（バイカラー）	2色の猫
三毛猫	calico（キャリコ）	3色を表すtricolorよりこちらが一般的
サビ猫	tortoiseshell（トータスシェル）	「べっ甲」の意。黒と茶色のまだらな毛の猫
トラ猫	tabby（タビィ）	縞模様の猫
ポインテッド	pointed（ポインティド）	顔、耳、足、しっぽだけ色がついている猫
ヒョウ柄	spotted（スポッティド）	rosette（ロゼット）ともいいます

トラ猫のうち、茶トラはred tabbyまたはorange tabby、キジトラはbrown tabby、サバトラはsilver tabbyといいます。また、毛色が鼻すじを境に「八」の字のように左右に分かれているハチワレ猫はbicolorのほかに、tuxedo（タキシード）ともよばれています。

CHAPTER 2

きもち

嬉しいとき、緊張したとき、困ってしまったとき…
日常生活の中で使える、きもちを伝えるフレーズを集めました

わーい！
Hooray!
フーレィ

🔊 Track 026

喜びの気持ちを表したいときに使える言葉です。「万歳！」「やったー！」「よっしゃー！」などの意味でも使うことができます。

Hooray!
わーい！

Congrats!
おめでとう！

MEMO Hooraaaaay!という感じで、aの部分を伸ばすと、より喜びが伝わるでしょう。

恋しちゃった
I'm in love with you.

アィミン　　　　ラヴィズ　　　　ユー

🔊 Track 027

「あなたのことが好きです」という気持ちを伝えたいときは、このようないい方をします。恋人など恋愛感情のある相手に対してのみ使うようにしましょう。

I'm in love with you.
恋しちゃった

I'm in love with you too.
私もです

MEMO　　I love you.は、恋人はもちろん、家族や友人にもいうことができます。

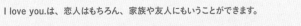

まいったなあ
I'm at a loss.

アィム　アッタ　ロス

🔊 Track 028

途方に暮れているときに使いたい表現です。まさにお手上げ状態を表すフレーズにthrow up one's handsがありますが、こちらは何かに挑戦してギブアップしたときに使います。

I'm at a loss.
まいったなあ

It can't be helped.
しょうがないね

MEMO
It can't be helped.は「しかたない」「しょうがない」などのあきらめの気持ちを表すときに使います。

よかったね！
That's great!

ザッツ　　　　グレイト

🔊 Track 029

何かいいことがあった相手を祝福するときのフレーズです。greatの代わりにawesome、cool、neat、wonderfulということもできます。

I passed the exam.
試験に合格したよ

That's great!
よかったね！

MEMO　　I'm happy for you.ともいいます。

がっかり

I'm disappointed.

アィム　　　　　ディスアポインテッド

やっちゃいました…

🔊 Track 030

disappointedは人ががっかりしている状態を表します。何かにがっかりしている場合は、The result is disappointing.（結果に失望している）のように、disappointingを使います。

I'm disappointed.
がっかり

Don't worry about it!
気にしないで！

MEMO 「あなたにはちょっとがっかり」といいたいときはYou disappointed me.を使います。

これはひどい

This is terrible.

ディス　　　イズ　　　　テリボー

🔊 Track 031

terribleは「ひどい」という意味です。I feel terrible.（気分が悪い）、The food is terrible.（食事がまずい）など、さまざまな場面で使えます。

Oh, this is terrible.
あぁ、これはひどい

That sucks.
ひどいね

MEMO　「がーん」はBummer!といいます。

なんか文句ある？

What's your problem?

ワッツ　　　　ユア　　　　　プロブレム

🔊 Track 032

直訳すると「何か問題がありますか？」という意味なのですが、かなり挑発的な言い回しです。
けんかを売るとき以外は使わないようにしましょう。

What's your problem?
なんか文句ある？

I don't have a problem.
なんでもないよ

MEMO 「何か問題がありますか？」と聞きたいときは、What's the problem?といいます。

緊張してます
My heart is pounding.

マイ　　　　ハート　　　イズ　　　　バウンディング

🔊 Track 033

直訳すると「心臓がドキドキしている」という意味です。poundingの代わりにracing（レイシング）ということもあります。

My heart is pounding.
緊張してます

You can do it!
あなたならできるよ

MEMO　もちろんI'm nervous.といってもOKです。

燃えてきた
I'm fired up.

アィム　ファイアーダップ

🔊 Track 034

燃え上がってきた気持ちを表すのにぴったりなフレーズです。fire upには「点火する」のほかに、「（気持ちや情熱が）燃える」「気合が入る」という意味があります。

I'm fired up.

燃えてきた

You look like you're psyched up.

気合が入ってるね

MEMO　I was fired.だと「解雇された」という意味になります。

ムカつく
I'm pissed off.

アィム　　　　　ピストフ

🔊 Track 035

pissは「小便」という意味ですが、piss offは「怒らせる」「ムカつかせる」という意味になります。スラングなので、フォーマルな場面では使わないようにしてください。

I'm pissed off.
ムカつく

What's wrong?
どうかした？

MEMO　「あなたにムカついている」といいたいときは、You piss me off.となります。

しまった！
Dang it!
ダンギット

イライラしたときやしくじったときなどに使われるDamn it!の丁寧ないい方です。丁寧といっても、スラングであることには変わりありません。

Dang it!
しまった！

Are you OK?
大丈夫？

MEMO　　Darn it!ともいいますが、やや古風な表現です。

テンション上がってます!

I'm hyped!

アィム　　　　　ハイプト

hypeはもともと「誇大に宣伝する」という意味ですが、hypedで「興奮する」「わくわくする」という意味にもなります。hypedの後ろにupをつけてI'm hyped up!ということもできます。

I'm hyped!
テンション上がってます!

It's so much fun.
すごく楽しいね

MEMO　　I'm excited.でもOKです。

49

イライラする

I'm annoyed.

アィム　　　　アノイド

🔊 Track 038

軽い不快感やいらだちを表すときにannoyedを使います。「イライラする」はI'm irritated.ということもできます。

I'm annoyed.
イライラする

What makes you annoyed?
なんで？

MEMO　What makes you 〜?は「なぜ〜するの？」と聞くときによく使われる言い回しです。

パニック！
I'm freaking out.

アィム　　　　　フリーキン　　　アゥト

🔊 Track 039

freak outは「パニックになる」という意味のスラングです。こわくて「ビビる」「ゾッとする」という意味で使われることもあります。

I'm freaking out.
パニック！

Chill out.
落ち着いて

MEMO panic（パニック）を使って、I'm panicking.ともいいます。

へこんじゅう
I'm feeling down.

アイム　　　　フィーリング　　　　ダウン

🔊 Track 040

「落ち込む」の一般的な表現であるbe depressedは、かなり落ち込んでいるときに使います。そこまでではないなら、feel downがいいでしょう。

I'm feeling down.
へこんじゅう

Cheer up!
元気出して

MEMO 「〜で落ち込んでいる」はfeel down about 〜です。〜にはwork、lifeなどが入ります。

はずかしがらないで
Don't be shy.

ドン　ビー　シャイ

🔊 Track 041

shyは「はずかしがりの」「内気な」という意味です。このフレーズには「遠慮しないで」という意味もあり、相手に行動を促すときなどに使われます。

I want to talk to them, but...
話しかけたいけれど、でも…

Don't be shy.
はずかしがらないで

MEMO　　shyの反対は、outgoing「社交的な」です。

さみしいよ
I feel lonely.

アィ　フィール　　ロンリー

🔊 Track 042

「さみしい」はlonelyで表すことができます。「〜がいなくてさみしい」なら、I miss you.（あなたがいなくてさみしい）のように、missを使うこともできます。

I feel lonely.
さみしいよ

Come here.
こっちへおいで

MEMO　I'm lonely.といってもOKです。

あなたのことが心配です
I'm worried about you.

アィム　　　**ウォリード**　　　アバウチュー

🔊 Track 043

相手の状況を見て心配になったときに使えるフレーズです。I worry about you.というと、あなたのことを常に心配しているというニュアンスになります。

I'm worried about you.
あなたのことが心配です

I'm OK.
わたしは大丈夫です

MEMO　とても心配しているときは、I'mとworriedの間にso、reallyを入れるとよいでしょう。

見ていられない

I can't bear to watch it.

アィ　キャント　　ベア　　トゥ　ワッチィット

🔊 Track 044

このbearは「クマ」という意味ではなく、「耐える」という意味の動詞です。can't bear to 〜で、「〜に耐えられない」という意味になります。

This movie is scary.
この映画、こわい

I can't bear to watch it.
見ていられない

(MEMO) 映画やテレビ番組、スポーツを観賞するときはwatchを使います。

お気の毒に
I'm sorry.

アィム　　　　ソーリー

I'm sorry.は、謝罪するときだけでなく、相手に同情するときや気の毒に思ったときに、「かわいそう」「残念だね」「お悔やみ申し上げます」などの意味で使うことができます。

No one cares about me.
だれもかまってくれないの

I'm sorry.
お気の毒に

MEMO 話を聞いて気の毒に思ったときは、I'm sorry to hear that.ともいいます。

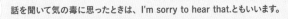

切りかえよう！
Just let it go!

ジャスト　　　　　レリゴー

🔊 Track 046

Just let it go!は、何かにこだわることをやめて、過去のことを忘れるというニュアンスを持ち、「切りかえよう！」というときに使うことができます。

It's not my day.
今日はついてない

Just let it go!
切りかえよう！

MEMO 「切りかえよう！」は、より直接的にMove on!ということもできます。会議やプレゼンのときにLet's move on.というと、「次の話題に移る」という意味になります。

言葉が出ない
I'm speechless.

アィム　　　　スピーチレス

🔊 Track 047

speechlessは、speech（言葉）＋less（ない）で、「言葉にならない」という意味になります。
感動したとき、驚いたときなど、良いときにも悪いときにも使うことができます。

This is awesome!
これはすごい！

I'm speechless.
言葉が出ない

MEMO　あきれて「開いた口がふさがらない」という意味でも使われます。

応援しているよ

I'm rooting for you.

アイム　　　　　　ルーティング　　　　フォ　　　　ユー

🔊 Track 048

root forは「応援する」という意味です。Who/Which team do you root for?（誰／どのチーム
を応援しているの？）という感じで使います。

I'm rooting for you.
応援しているよ

Thanks a lot.
ありがとう！

MEMO　Thanks a lot.はフレンドリーなお礼のいい方です。

幸せです
I'm a happy camper.

アィムァ　　　　ハッピー　　　　キャンバー

🔊 Track 049

happy camperは「楽しくキャンプをする人」という意味ではなく、「幸せな人」「満足している人」「機嫌がいい人」を表すスラングです。

I'm a happy camper.
幸せです

I'm so jealous.
うらやましい

MEMO　　もちろんI'm happyでも構いません。

ファストフード店 [Fast food restaurant] 🔊 Track 050

Can I get a hot dog with extra mustard?

ホットドッグ、マスタード多めで

多め／少なめは、extra ／ less・easy onといいます。抜きにしてほしいときは、withをwithoutに代えます。

I'll have medium French fries.

ポテトのMサイズをください

Sサイズ、Mサイズ、Lサイズは、small、medium、largeといいます。フライドポテトは、アメリカではFrench fries、イギリスではchipsです。

Would you like a combo or just a hamburger?

セットと単品どちらになさいますか？

Just a hamburger, please.

単品をください

セットはcomboまたはmealといいます。単品はjust 〜で表します。

Can I have a straw?

ストローをいただけますか

ストローは英語でもstraw（ストロー）です。
お店で何かをもらいたいときは、Can I have
〜？とお願いします。

For here or to go?

店内でお召し上がりですか？ お持ち帰りですか？

To go, please.

持ち帰りでお願いします

イギリスではEat in or take away?と聞かれま
す。take outは「取り出す」という意味です。

This is not what I ordered.

頼んだものと違います

This is not what I〜で、「これは私が〜するものと
違います」という意味になります。order（注文す
る）以外にも、expect（予想する）、mean（意図する）
の過去形を入れていうことがよくあります。

"cat"を使う英語フレーズ

英語には、catを含むフレーズがいくつかあります。そのうち、日常の会話で使えそうなものを紹介します。

Cat got your tongue?

なんで黙ってるの？

はずかしくて黙っている人や、普段よくしゃべるのに今日は静かな人などに対して使えるフレーズです。直訳すると「ねこがあなたの舌を取ったの？」ですが、「ねこ舌」とは関係ありません。

let the cat out of the bag

うっかり秘密をもらす

直訳すると「ねこをバッグの中から出す」。なぜこれが「秘密をもらす」という意味になったかは不明です。ある商人が、ねこが入っている袋を「豚が入っている」とうそをついて売ろうとしたところ、袋が開けられてうそがばれたという話に由来するという説もあります。

like cats and dogs

犬猿の仲

仲が悪い様子を、日本語では「犬」と「猿」で表すのに対し、英語では「ねこ」と「犬」で表します。They are like cats and dogs.（彼らは犬猿の仲だ）、We sometimes fight like cats and dogs（私たちはときどき激しい喧嘩をする）のように使います。

CHAPTER 3

あそぶ

踊ったり、駆けまわったり、元気いっぱいなにゃんこたち
ついつい使いたくなるハッピーなフレーズをご紹介します

あーそーぼ!
Let's play together!
レッツ　　　　プレイ　　　　トゥギャザー

🔊 Track 051

おもちゃで遊んだり、ゲームやスポーツをしたりしたいときはplay、どこかにお出かけするなどの、ティーンや大人の「遊ぶ」にはhang outを使います。

Let's play together!
あーそーぼ!

Well, okay.
しょうがないな〜

MEMO　　　例のようにしぶしぶ承知するときは、だるそうにいいましょう。

とどかないよ～

I can't reach it.

アィ　キャント　リーチット

Track 052

手を伸ばして「とどく」は、reachを使います。目的地や目標に「とどく」という場合にも、I reached my goal.（目標を達成した）のように使われます。

Catch the fish.
魚をつかまえてごらん

I can't reach it.
とどかないよ～

MEMO　荷物や手紙が「とどく」といいたいときは、arriveを使います。

音楽に合わせて踊ってね
Dance to the music.

ダンス　　　トゥ　　ザ　　　ミュージック

Track 053

「音楽に合わせて」は、to the musicといいます。dance以外にも、sing along（歌う）、move（体を動かす）、exercise（エクササイズをする）など、いろいろつけられます。

Dance to the music.
音楽に合わせて踊ってね

I'm trying to.
合わせてるつもりだよ

MEMO　listen to music（音楽を聴く）とは異なり、toとmusicの間にtheが入ります。

どのはたらく車が好き？

Which construction vehicle do you like?

ウィッチ　　　　　　　コンストラクション　　　　　ヴィヒクゥ　　ドゥ　　ユ　　ライク

♫ Track 056

はたらく車はconstruction vehicleといいます。ロードローラーはroad roller、ブルドーザーは
bulldozer、ショベルカーはexcavator/digger、クレーン車はboom truckやcrane truckです。

Which construction vehicle do you like?
どのはたらく車が好き？

Bulldozer!
ブルドーザー！

MEMO　　ショベルカーのdiggerは、主に子どもが使ういい方です。

ま て 、 ま て ！

I'm gonna catch up with you.

アイム　　　ゴナ　　　　　キャッチアップ　　　ウィズ　　　ユー

Track 057

waitではなく、「追いつく」という意味のcatch upを使います。「追いついてやる～」というニュアンスです。

I'm gonna catch up with you.
ま て 、 ま て ！

No you won't!
そうはさせない！

MEMO　I'll catch you up.は、イギリス英語で「後から合流するね」という意味で使われます。

目が回った

I'm feeling dizzy.

アィム　　　　フィーリン　　　　ディズィー

Track 058

dizzyは「目が回る」という意味です。原因をつけ足すときは、dizzyの後ろにonをつけて、I got dizzy on the teacups.（遊園地のコーヒーカップで目が回った）のようにいいます。

Turn round and round!
ぐるぐる回ります！

I'm feeling dizzy.
目が回った

MEMO　仕事が忙しくて目が回る場合は、make one's head spinを使い、頭が回るという表現をします。

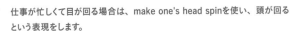

近づかないで

Don't get closer.

ドント　　　ゲット　　　クローサー

Track 059

get closeで「近づく」という意味です。物理的な距離だけでなく、心の距離が近づく場合にも使うことができ、We got close.は「私たちは親しくなった」という意味になります。

Don't get closer.
近づかないで

Why?
なんで？

 MEMO　　このcloseは「クロース」と発音します。「ズ」ではありません。

74

セッションしない？

Why don't we have a jam session?

ワイ　　　ドン　　　ウィー　　　ハヴァ　　　ジャム　　　セッション

Track 060

セッションは英語でjam session、またはjamです。Why don't we play music together?（いっしょに演奏しない？）でも伝わります。

Why don't we have a jam session?
セッションしない？

Sounds good!
ぜひ！

MEMO　　Why don't we 〜?はいっしょに何かをしようと提案するときの定番フレーズです。

振り回さないで
Don't swing that.
ドント　　　　　スウィング　　　　ザット

Track 061

「振り回す」はswingです。人間関係における「振り回す」はwrap arround one's fingerで、She has me wrapped around her finger（彼女に振り回される）のように使います。

Swing!
ぶんぶん

Don't swing that.
振り回さないで

MEMO

イギリス英語でエビフライはfried prawnといいます。prawnは大きめのエビのことです。⑩shrimp→prawn→lobster⑪の順に大きいエビを表します。

当たりますように

I hope I win the lottery.

アィ　　ホープ　　アィ　ウィン　　ザ　　　ロタリィ

Track 062

くじに「当たる」はwinを使います。lotteryは宝くじのことですが、福引きやくじ引きという意味でも使うことがあります。raffleやdrawingといういい方もあります。

I hope I win the lottery.
当たりますように

Yes, I hope you win.
当たるといいね

MEMO　　「はずれる」はdon't winまたはloseです。

競走しようよ
Let's race.

レッツ　　　　レース

🐾 Track 063

「競走する」「かけっこをする」は、raceといいます。勝負を挑まれたら、Bring it on!（望むところだ！）、I'll beat you!（勝ってやる！）と強気でいきましょう。

Let's race.
競走しようよ

Bring it on!
望むところだ！

MEMO　　競走に勝つ／負けるは、win/lose a（the）raceです。

進め！
Go, go, go!
ゴー　　ゴー　　ゴー

ぴょーーん

🐾 Track 064

「進む」という意味の英単語を知らなくても、goといえば、ふつうは前に進んでくれます。goの
語気を強めて3回言えば、より速く進んでくれるでしょう。

Go, go, go!
進め！

I got it!
了解！

ひとり遊びをしています

My cat is playing alone.

マィ　キャット　イズ　　プレイング　　　　アローン

Track 065

ひとり遊びをするはplay aloneといいます。ちなみに、「ひとりが好きです」はI like being alone.「お
ひとり様を満喫しています」はI enjoy being alone.といいます。

My cat is playing alone.
ひとり遊びをしています

He/She looks like he's/she's having fun.
楽しそうだね

MEMO　　aloneの代わりにby oneselfも使えます。

どっちが高くこげるかな？

Who can swing higher?

フー　　　キャン　　　スウィング　　　ハイア

Track 066

「ブランコ」もブランコを「こぐ」もswingといいます。「ブランコに乗ろう」とさそうときは、Let's go/play on the swing!と声をかけましょう。

Who can swing higher?
どっちが高くこげるかな？

Definitely me.
もちろん私

MEMO　　「こぐ」はswingのほかに、pumpを使うことも多いです。

81

出発する準備はできた？

Are you ready to head out?

アー　ユゥ　レディ　トゥ　ヘッド　アウト

🔊 Track 067

head outは「出発する」という意味です。動詞のheadには「向かう」という意味があり、会話ではgoの代わりによく使われています。

Are you ready to head out?

出発する準備はできた？

Give me a few more minutes.

あと数分ちょうだい

MEMO

「おでかけの準備はできた？」とたずねるときはAre you ready to go out?といいます。

毎日筋トレをしています
I work out everyday.

アィ　　　　ワーカウト　　　　　エヴリディ

Track 068

「運動する」の英語には、work outとexerciseがあります。work outはジムなどで体を鍛える運動をすることを指し、それ以外はexerciseで表すことができます。

I work out everyday.
毎日筋トレをしています

Oh, that's why you are muscular.
だからムキムキなんだね

MEMO　　名詞の「筋トレ」というときは、workとoutがくっついて、workoutになります。

全 然 効 か な い よ

Your punches don't hurt at all.

ユァ　　　　パンチィズ　　　　ドン　　　ハァト　　アト　　オール

◁) Track 069

パンチは英語でもpunchです。at allで「全然」「まったく」というニュアンスを伝えることができます。

Punch!
パーンチ!

Your punches don't hurt at all.
全然効かないよ

MEMO　　パンチの音をPow!と表すこともあります。

10数えたら交代ね

On the count of 10, switch with me.

オン　ザ　**カウント**　オブ　**テン**　スウィッチ　ウィズ　ミー

Track 070

ブランコを代わってほしいときに使えるフレーズです。switch with 〜で、「〜と交代する」「〜と場所を代わる」という意味になります。

On the count of 10, switch with me.

10数えたら交代ね

One, two three...

1、2、3…

MEMO

It's my turn! (私の番だよ！) と自分の番であることを主張するのもよいでしょう。

しゅっしゅっぽっぽ

Choo-choo.

チュー　　　チュー

しゅしゅぽっぽ

🔊 Track 071

汽車が走る音はchoo-chooで表します。電車のガタンゴトンはclickety-clack（クリッケティ
クラック）といいます。

Choo-choo.

しゅっしゅっぽっぽ

We're getting to the station.

駅に到着します

MEMO　　choo-choo trainは「汽車ぽっぽ」という意味です。

逃げろ！

Run!

ラン

🔊 Track 072

逃げるときは走るので、Run!と叫べば、その場にいる人は状況を察して逃げるでしょう。「逃げる」の一般的な表現はrun awayで、車や飛行機で逃げる場合も使うことができます。

Run!

逃げろ！

OK!

わかった！

MEMO

get awayも「逃げる」ですが、逃げるのが難しい人、場所、状況から逃げるという意味合いがあります。

けんかはやめなさい！
Stop fighting!
ストップ　　　ファイティング

Track 073

fightはけんかの一般的な表現で、口げんかにも殴り合いのけんかにも使えます。〜とけんかを
するはhave a fight with 〜、けんかになる（発展する）はget into a fightといいます。

Stop fighting!
けんかはやめなさい！

We're not fighting, just playing.
けんかしてないよ、遊んでるだけ

MEMO　　「口げんか」というときは、argumentもよく使われます。

そりを引いて
Can you pull the sled, please?

キャニュー　　　　プル　　　ザ　　スレッド　　　プリーズ

Track 074

sledは小さなそりのこと。「そりをする」という動詞にもなります。「そり遊びをする」はgo sleddingで、I went sledding with my friend.（友達とそり遊びをした）のように使います。

Can you pull the sled, please?
そりを引いて

All right.
まかせて

MEMO　　**サンタクロースが乗るような大きなそりはsleighといいます。**

もう帰るよ

Time to go home now.

タイム　トゥ　ゴー　ホーム　ナウ

Track 075

「家に帰る」という意味の英語には、go/come/get homeがありますが、この場合は、今いる場所から家に行くので、go homeを使います。

Time to go home now.
もう帰るよ

No!
イヤだ！

 MEMO　Let's go home.、Let's head home.ともいいます。

また遊ぼうね
Let's play again!

レッツ　　　　プレイ　　　　アゲイン

Track 076

別れのあいさつといっしょにいいたいフレーズです。againの後ろにsoonをつけると、「近いう
ちに」というニュアンスを出すことができます。

See you. Let's play again!

バイバイ。また遊ぼうね

See ya!

またね!

MEMO　　p66と同じように、大人の「遊ぶ」にはhang outを使います。

91

待ち合わせ [Meet up]　Track 077

I'm on my way.

今向かってるところ

on my wayは「途中」という意味です。「今行く」「すぐ行く」という意味でもよく使われています。

I'm stranded.

足止めされています

strandは「立ち往生させる」という意味です。stickの過去分詞形stuckを用いた、I'm stuck.もよく使われます。

I'm going to be about 10 minutes late.

10分くらい遅れます

「遅れます」はI'm going to be late.といいます。具体的な時間やa little bit（ちょっと）などを足すときは、be とlateの間に入れます。

I'm here!

着いたよ!

直訳すると「私はここにいる」ですが、待ち合わせ場所に先に着いたときに使われる定番のフレーズです。

Sorry, have you been waiting long?

ごめん、待った?

No, I just got here.

ううん、今着いたところ

相手を長い時間待たせてしまったときに使えるフレーズです。最初に謝るのを忘れずに。

I'm tired of waiting.

待ちくたびれた

be tired of ～は「～に疲れている」「～にうんざりしている」という意味です。今も待っている状態なので、現在形を使います。

スイーツの英語名

洋菓子の名前は、英語に由来すると思われるものが多いのですが、海外でそのまま言うと通じないものも。注文するときなどに困らないよう、英語名をチェックしましょう。

スイーツ	英語	くわしく
アイスキャンディ	ice pop （アイス ポップ）	アメリカではpopsicle（ポプシクル）といいます
クリームソーダ	soda float （ソーダ フロート）	飲み物にアイスを浮かべたものをfloatといいます
クレープ	crepe （クレープ）	イギリスではpancake（パンケイク）といいます
シュークリーム	cream puff （クリーム パフ）	puffはふわっとふくらんだもののこと
チュロス	churro （チュロ）	2本以上はchurros（チュロス）
パフェ	parfait （パフェー）	「フェ」にアクセントを置く
プリン	flan （フラン）	creme caramel（クレーム キャラメル）ともいいます
ホットケーキ	pancake （パンケイク）	平鍋（pan）で焼くケーキという意味

クレープやチュロスのように日本語とほとんど同じのもあれば、プリンのようにまったく違うものもあって、おもしろいですね。

CHAPTER 4

くらす

おでかけするときや、家事をするとき、
何気ない問いかけをしたいときなどに使える言い回しが満載です

ついていってあげようか？

Do you want some company?

ドゥ　　ユー　　ウォント　　サム　　**カンパニー**

Track 078

companyには「会社」のほかに「同伴」という意味があるので、いっしょに来てほしいかをたずねるときにこのような聞き方をします。

Do you want some company?
ついていってあげようか？

Thanks, but I'll be OK on my own.
ありがとう。でも1人でだいじょうぶ

MEMO

I enjoyed your company.（ごいっしょできて楽しかった）は別れ際によくいうフレーズです。

渡したいものがあるんだ

I got something for you.

アィ　**ガット**　　　**サムシング**　　　フォ　　**ユー**

猫太郎きゅうり

Track 079

プレゼントをあげるときの定番フレーズはThis is for you.ですが、このような表現もあります。
プレゼントが相手に見えないようにしていうのがポイントです。

I got something for you.
渡したいものがあるんだ

Really? What is it?
ほんと？何？

MEMO　　got以外に、haveやhave gotということもあります。

今、改札を通るところです

I'm just going through the ticket gate.

アイム　ジャスト　ゴーイング　スルー　ザ　チケット　ゲイト

Track 080

改札はticket gateといいます。改札を「通る」はgo through/pass、「入る／出る」はenter/exit・go outを使います。

I'm just going through the ticket gate.
今、改札を通るところです

I'm waiting outside the ticket gate.
私は改札の外で待ってるよ

MEMO　南口はsouth exit、中央口はcentral exitです。

電車がぎゅうぎゅうです
The train is jam-packed.

ザ　　　トレイン　　イズ　　ジャム　　　パックト

Track 081

jam-packedはジャムのようにぎっしり詰め込まれた状態を表し、「ぎゅうぎゅうづめ」「混雑している」という意味で使われます。

The train is jam-packed.
電車がぎゅうぎゅうです

I can't stand it.
耐えられない

MEMO　　渋滞はtraffic jamといいます。

何を作っているの？

What are you making?

ワット　　　アー　　　ユー　　　メイキング

 Track *082*

「料理する」の英語には、makeとcookがあります。厳密には、cookは加熱する場合、makeは加熱しない場合に使うのですが、会話では違いを気にせずmakeを使うことが多いです。

What are you making?
何を作っているの？

I won't tell you.
教えな〜い

MEMO　オーブンで何かを焼いている人に聞くときは、bake（焼く）を使うこともできます。

生地を伸ばしています

I'm rolling out the dough.

アィム　　　　ローリンガウト　　ザ　　　ドゥ

Track 083

doughは、お菓子、パン、ピザなどの生地のこと。roll outは生地をめん棒などで平らに「伸ばす」という意味です。ビジネスでは、新製品などを「世に出す」という意味で使われます。

What are you doing?

何をしているの？

I'm rolling out the dough.

生地を伸ばしています

MEMO　　「生地をこねる」はknead（ニード）the doughといいます。

アイスをぺろぺろなめます
I'm licking the ice cream.

アィム　　リッキン　　ディ　**アイス**　クリーム

Track 084

lickは舌を出して「なめる」という意味です。食べ物だけでなく、切手や唇をなめるというときにも使うことができます。

I'm licking the ice cream.
アイスをぺろぺろなめます

Looks yummy.
おいしそう

MEMO

「飴をなめる」はlick a candyです。食べ物を噛んで食べるときにはeatを使います。

そこから出てきて

Come out of there.

カム　　　アウト　オブ　　　ゼア

🔊 Trace 085

come out of 〜は「〜から出てくる」という意味です。

Come out of there.
そこから出てきて

I want to stay here.
ここにいたい

 MEMO　　出ていってほしいときはGet out!といいます。

やせなきゃ

I have to lose some weight.

アィ　　　ハフトゥ　　　ルーズ　　　サム　　　ウェイト

track 086

lose some weightは「体重を減らす」という意味なので、「やせる」といいたいときに使うことができます。ちなみに、「増やす」はgetです。

I have to lose some weight.
やせなきゃ

You don't have to.
やせる必要なんてないよ

MEMO　go on a diet（ダイエットをする）は食事制限を指し、「やせる」という意味では使いません。

大丈夫ですか？

Are you alright?

アー　　　ユー　　　　オーライト

Track 087

明らかにいつもと様子が違う人や具合が悪そうな人を見かけたらかけたい一言です。イギリスでは、How are you?のような挨拶の言葉としても使われています。

Are you alright?
大丈夫ですか？

Yeah, I'm fine.
ええ、大丈夫です

MEMO　　alrightはall rightを簡略にしたものです。

床に掃除機をかけなくちゃ

I need to vacuum the floor.

アィ　ニード　トゥ　ヴァキューム　ザ　フロァ

Track 088

vacuumには「掃除機」「掃除機をかける」という意味があります。部屋に掃除機をかけるなら the room、絨毯ならthe carpetをvacuumの後ろにつけます。

I need to vacuum the floor.
床に掃除機をかけなくちゃ

I got it!
私がやるよ

MEMO　　**イギリスでは「掃除機」をhoover（フーヴァ）といいます。**

窓をふきふきしています

I'm wiping the window.

アィム　　　ワイピング　　　ザ　　　ウィンドウ

🔊 Track 089

wipeは「ふく」「ふきとる」という意味です。こぼれた牛乳をふきとってほしいときは、Can you wipe up the milk?とお願いします。

I'm wiping the window.
窓をふきふきしています

It's clean now.
きれいになったね

 MEMO　「モップでふく」といいたいときは、mop（モップ）を使います。

呼んだ？
Did you call me?

ディジュー　　コール　　ミー

ちらっ

Track 090

callには「呼ぶ」のほかに「電話する」という意味があるため、「電話くれた？」という意味で使われることもあります。

Did you call me?
呼んだ？

No. You're just hearing things.
呼んでない。空耳だよ

MEMO　You're just hearing/seeing things.は「気のせいだよ」という意味です。

どうされましたか？
How may I help you?

ハゥ　メイ　アィ　ヘルプ　ユー

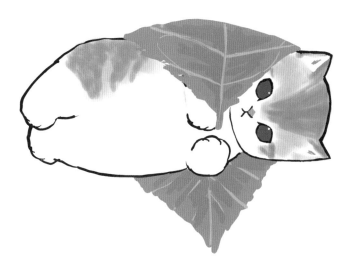

叩♪ Track 091

病院で医師や受付の人が患者に声をかけるときや、お店で店員がお客さんに声をかけるときにいうフレーズです。What can I do for you?やWhat's the problem?と聞くこともあります。

Hello. How may I help you?
こんにちは。どうされましたか？

I have a stomachache.
お腹が痛いんです

MEMO

feel sick（気持ち悪い）／ have a fever（熱がある）／ have a cough（咳が出る）などもいえるようにしましょう。

109

すごい偶然だね
What a coincidence!

ワダァ　　　　　　　コインスィデンス

 Track 092

タイミングが重なったり、人にばったり出会ったりなどの偶然が起きたときにいいたいひとことです。coincidenceは「一致」という意味です。

We have the same meal.
弁当がかぶった

What a coincidence!
すごい偶然だね

MEMO 偶然起こったことなどを聞いたときには、That's a coincidence.（それは偶然だね）と返せます。

ジャンクフードがやめられない

I can't stop eating junk food.

アィ　キャント　　　ストップ　　　イーティング　　　ジャンク　　　フード

Track 093

can't stop 〜 ingで「〜するのをやめられない」という意味になります。I can't stop laughing.（笑いが止まらない）、I can't stop crying.（涙が止まらない）のように使います。

I can't stop eating junk food.
ジャンクフードがやめられない

It's not good for your health.
体に良くないよ

MEMO

「甘いものがやめられない」なら、junk foodをsweetsかsugary foodsに代えます。

何か見える？

Can you see anything?

キャニュー　　　　シー　　　　エニシング

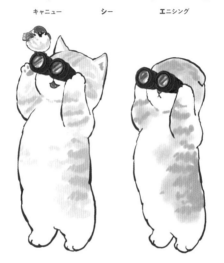

Track 094

seeには「自然に目に入る」というニュアンスがあります。もし相手が何かを目で追っているようなら、What are you watching?と聞くこともできます。

Can you see anything?
何か見える？

No, I can't.
何も

MEMO　　バードウォッチングは、英語でもbirdwatching/bird watchingです。

ないしょだよ
It's hush hush.

イッツ　　　ハッシュ　　　　ハッシュ

Track 095

hushは「静かにする／させる」という意味で、静かにしてほしいときに、「シー」のように Hush.ということがありますが、hush hushだと「ないしょ」という意味になります。

It's hush hush.
ないしょだよ

I know.
わかってる

MEMO　　　It's just between us.ということもできます。

113

風がきもちいいね

The breeze feels nice.

ザ　　　　ブリーズ　　　　フィールズ　　　ナイス

Track 096

breezeは「そよ風」のこと。「風」といえばwindですが、きもちのいい風は、たいてい breeze で表します。

The breeze feels nice.
風がきもちいいね

Totally!
ほんとそう！

MEMO　　**Nice breeze!** ともいいます。

どうする？

What should we do?

ワット　　　　シュド　　　ウィー　　ドゥー

Track 097

困ったり悩んだりしたときに、ふと口をついて出てしまうフレーズです。自分だけが困っているときは、主語をweからIに代えます。

What should we do?

どうする？

Let's go halves.

半分こしよう

MEMO　doの後ろにnext（次）やnow（今）をつけることもあります。

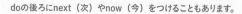

力持ちだね
You're so strong.

ユーアー　　　ソー　　　ストロング

明⊃ Twicr 098

「力持ち」の英語は、strongとpowerfulです。どちらを使っても構いません。strongは、体の丈
夫さや精神的な強さを表すときにも使います。

Wow, you're so strong.
わぁ、力持ちだね

Everyone says so.
みんなに言われる

MEMO　　「力が弱い」といいたいときは、weakを使います。

116

ここで降ろしてくれる?

Can you let me off here?

キャニュー　　　　　レッミー　　　オフ　　ヒァ

Track 099

タクシーに乗っていて、降ろしてほしいときにいうひとことです。let me outやdrop me offということもあります。

Can you let me off here?
ここで降ろしてくれる?

Sure.
わかりました

MEMO　　Can you ～?の代わりに、Pleaseを文頭か文末につけていうこともできます。

できたー！
I'm done!
アィム　　　　ダーン

 Track 100

仕事や勉強が終わったとき、食事を食べ終わったときなどに使えるフレーズです。疲れたりイヤになったりしてやめる場合にも使うことができます。

I'm done!
できたー！

You did it!
すごい！

MEMO　　I'm finished.ともいいます。

いろいろお世話になりました
Thank you for everything.

サンキュー　　　　　フォ　　　　　　エヴリシング

Trace 101

Thank you.やThank you very much.でも感謝の気持ちは伝わりますが、感謝したいことが一つだけではなく、たくさんあるなら、このようないい方もおすすめです。

Thank you for everything.
いろいろお世話になりました

You're more than welcome.
どういたしまして

MEMO

You're とwelcomeの間に、very、more than、mostをつけて、強調することがあります。

theme

季節のあいさつとお祝い [Season's greetings] Track 102

Happy new year!

あけましておめでとう!

I hope you have a good year.

素敵な一年になりますように

お正月のあいさつです。yearの部分にweekend
やholidayなどを入れて、新年以外のあいさつと
しても使うことができます。

Happy graduation day!

卒業おめでとう!

Congratulations on your graduation!ともいいま
す。

Congratulations on entering school!

入学おめでとう!

入学先の学校の先生たちがお祝いする場合は
Welcome to your new school!ということもでき
ます。

COLUMN

Happy Halloween!

ハッピーハロウィン!

Trick or Treat!（いたずらかお菓子か）は、子どもなどがお菓子をねだるときにいう言葉です。

Merry Christmas!

メリークリスマス!

May your Christmas wishes come true.

クリスマスの願いが叶いますように

Happy holidays!もクリスマスから新年にかけてよく耳にするあいさつです。相手の信仰に関係なく使うことができます。

Thank you for everything this year.

今年もお世話になりました

Have a happy new year!

よいお年を!

お正月のあいさつの定番であるHappy new year!も、年末のあいさつとして使うことができます。

「ねこ」がつく言葉を英語でいうと?

これから紹介する英語の表現は、日本語に訳すと「ねこ」を含むことわざ・慣用句になります。どのことわざ・慣用句なのか考えてみてください。

Cast pearls before swine.

豚に真珠を投げる

「豚に真珠」ということは、もうわかりましたね。「猫に小判」です。swineは「豚」のやや古いいい方で、科学の分野などで使われることがあります。

wolf in sheep's clothing

羊の皮を着たオオカミ

強いオオカミが弱い羊の皮を着る→本性を隠していい人のように見せかけるという意味なので、正解は「猫をかぶる」です。

I'll take all the help I can get.

得られるすべての助けを受ける

どんな手伝いでもしてほしいという意味合いなので、「猫の手も借りたい」が正解。もっとストレートにI'm so busy and short-handed.(とても忙しくて人手不足です)ということもできます。

CHAPTER 5

やすむ

とにかくのんびり過ごしたい、心ゆくまで眠りたい…
そんな気分にぴったりのフレーズを集めました

ごろごろしてます
I'm just chilling out.

アィム　　　ジャスト　　　　チリング　　　　アウト

🔊 Track 103

chill outは「落ち着く」「ゆっくりする」という意味のスラングで、ごろごろしている状況を表すのにぴったりな言葉です。

What are you doing now?
今何してる？

I'm just chilling out.
ごろごろしてます

 MEMO　I'm a couch potato.といういい方もあります。couchはソファ、横たわる場所という意味です。

涼しくてきもちいい〜
It's cool and refreshing.

イッツ　　**クール**　　アンド　　　リフ**レ**ッシング

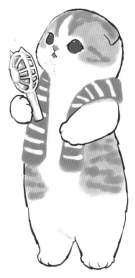

🔊 Track 104

coolは「涼しい」、refreshingは「さわやかな」という意味です。冷たい風が吹いてきもちいいときに使ってみましょう。

It's cool and refreshing.
涼しくてきもちいい〜

I feel quite refreshed.
爽快な気分だね

MEMO　　　扇風機はfan、手持ちの扇風機はportable fanといいます。

スマホばかりいじって

You're always on your phone.

ユーアー　　　　オールウェイズ　　　オン　　　ユア　　　　フォーン

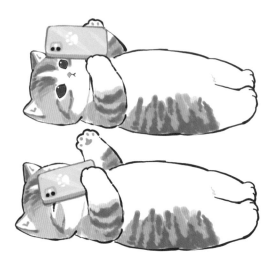

🔊 Track 105

「スマホをいじる」 は、on one's phoneといいます。 「いつも」 という意味のalwaysをつけると、 「ばかり」 というニュアンスを出すことができます。

You're always on your phone.
スマホばかりいじって

Stay out of my business.
ほっといてよ

MEMO　　スマホはsmartphoneですが、 このフレーズはphoneだけで大丈夫です。

食べ過ぎて眠い
I'm in a food coma.

アィミンナ　　　フード　　　コーマ

🔊 Track 106

たくさん食べてお腹いっぱいになると眠くなることってありませんか？　food comaは、まさにそのような状態を表す言葉です。

I'm in a food coma.
食べ過ぎて眠い

I'm still eating.
私はまだ食べる

 MEMO　comaは昏睡（状態）という意味です。

127

背中がこってるね

You have a stiff back.

ユー　　　　ハヴァ　　　　スティフ　　　　バック

🔊 Track 107

stiff backを直訳すると「硬直した背中」で、背中のこりを表します。ちなみに首こりはstiff neckといいます。

You have a stiff back.
背中がこってるね

Can you press a little harder there?
そこをもっと強く押してもらえる？

MEMO　　マッサージで押すときの「押す」はpushではなく、pressです。

ゆらゆら揺れます

I'm swaying gently.

アィム　　　スウェイング　　　ジェントリィ

🔊 Track 108

swayは、ゆらゆら揺れている様子を表す単語です。ハンモックはhammockといい、I'm lying in the hammock.（ハンモックで寝ています）のように使います。

I'm swaying gently.
ゆらゆら揺れます

You look comfy.
心地よさそうだね

MEMO　comfyはcomfortableの省略形で、「心地よい」という意味です。

ひと休みしよう
Let's take a short break.

レッツ　　　テイカァ　　　ショート　　　ブレイク

🔊 Track 109

breakは活動の合間の「休憩」「息抜き」を表す言葉で、take a breakで「休憩をとる」という意味になります。

I'm tired.
つかれた

Let's take a short break.
ひと休みしよう

MEMO　restも「休憩」という意味ですが、こちらは体を休める「休息」という意味合いがあります。

そっとしておいてください

Please give me some space.

プリーズ　　　　　ギミー　　　　　サム　　　　スペイス

🔊 Track *110*

1人になりたいときにいうフレーズです。spaceは「空間」「場所」という意味で、「私のために場所を空けてください」→「そっとしておいてください」という意味になります。

Please give me some space.
そっとしておいてください

Sure.
もちろんです

MEMO

「ほっておいて」という意味のLeave me alone.も定番ですが、少し強いいい方です。

何もしたくない
I don't feel like doing anything.

アィ　ドント　　　フィーライク　　　ドゥーイング　　　エニシング

🔊 Track *111*

feel like 〜ingは「〜したい気分」という意味で、ストレートに「〜したい」という意思を表す
want toよりもやわらかい表現です。

I don't feel like doing anything.
何もしたくない

Me neither.
わたしも

MEMO　feel likeの後ろに〜 ing以外がつくと、「〜な気がする」という意味になります。

だるーい

I feel listless.

アイ　フィール　リストゥレス

 Track 112

listlessは「だるい」、「やる気のない」など無気力な状態を表す単語です。日常生活で疲れを感じたときに使ってみましょう。

I feel listless.
だるーい

Are you not feeling well?
具合がわるいの？

MEMO　気分がわるいときはI'm not feeling well.ということもあります。

たき火で暖を取ろう

Let's warm up by the bonfire.

レッツ　　ウォーマップ　　バイ　ザ　　バンファイア

🔊 Track *113*

warm upは「温める」なので、「暖を取る」という意味にもなります。A cup of ginger tea can warm you up.（生姜湯は体を温めます）のような使い方もできます。

It's freezing.
すごく寒い

Let's warm up by the bonfire.
たき火で暖を取ろう

MEMO　warm upには「準備運動する」という意味もあります。日本語にもなっていますね。

夜更かししすぎないでね

Don't stay up too late.

ドント　　　　ステイ　　　アップ　　トゥー　　レイト

🔊 Track *114*

stay upは「寝ないで起きている」という意味です。ちなみに「徹夜する」はstay up all night、またはpull an all-nighterといいます。

Don't stay up too late.
夜更かししすぎないでね

I know.
わかってる

MEMO　I know.は何かをいわれたときに「わかってる」という意味で使うことができます。

135

もうくたくた

I'm worn out.

アイム　　　　　ウォーナウト

🔊 Track 115

「疲れる」は、tired以外にもいくつかいい方があり、worn outもその一つです。「疲れ果てた」という意味なので、とても疲れたときに使いましょう。

I'm worn out.
もうくたくた

Let's call it a day.
今日はこのへんにしよう

 MEMO　call it a dayは、仕事などを「終わりにする」という意味です。

ひまー

I'm bored to death.

アイム　　　ボァード　　　トゥ　　　デス

🔊 Track 116

「退屈で死にそう」という意味です。ちょっと大げさな表現ですが、すごくひまなときによく使われるいい方です。

I'm bored to death.
ひまー

Why don't we play a video game?
ゲームでもする？

MEMO　　予定がなくてひまなときは、I'm wide-open.といいます。

137

ねんねしていいよ

You can go night-night.

ユー　　　キャン　　　ゴー　　　　ナイッナイッ

🔊 Track *117*

go（to）night-nightはgo to bed（寝る）の幼児語で、「ねんねする」という意味です。アメリカではgo beddy-byeといいます。

I'm sleepy.
ねむいよ

You can go night-night.
ねんねしていいよ

 MEMO

「おやすみなさい」のかわいらしいいい方でnighty-nightというときもあります。
go bye-byeだと、幼児語で「バイバイする」「出かける」という意味になります。

いびきがうるさくて眠れません

I can't sleep because of your snoring.

アィ　キャント　スリープ　ビコウズ　オブ　ユァ　スノアリング

🔊 Track 118

snoringのsnoreは「いびきをかく」という意味です。

I'm sleeping soundly.
ぐっすり眠っています

I can't sleep because of your snoring.
いびきがうるさくて眠れません

MEMO　You snore loudly, so I can't sleep.ということもできます。

甘いものはいかが？

Would you like something sweet?

ウッジュー　　　ライク　　　　サムシング　　　　スウィート

🔊 Track 119

Would you like 〜？は食べ物や飲み物をすすめるときに使える丁寧な表現ですが、家族や友人に対してもよく使われます。

Would you like something sweet?
甘いものはいかが？

I want a chocolate.
チョコがほしい

MEMO　ダイレクトに聞きたいときは、Do you want 〜?を使うこともできます。

全然休めません
I can't relax at all.

アィ　キャント　　リラックス　　アト　　オール

◀)) Track 120

relaxは「くつろぐ」という意味で、日本語にもなっていますね。サメにはさまれたら、くつろぐどころか体中に緊張が走りそうです。

I can't relax at all.
全然休めません

I bet.
だろうね

MEMO　　I bet.は同意を示すカジュアルな表現です。

ぼーっとしちゃう

I'm out of it.

アイム　　　　　アウトビット

🔊 Track 121

out of itは「ぼーっとする」「心ここにあらず」という意味です。ただぼーっとしているだけのときも、体調がすぐれなくてぼーっとしてしまうときにも使うことができます。

I'm out of it.
ぼーっとしちゃう

You should go to bed.
寝たほうがいいよ

MEMO　out of itを使ったStay out of it.という表現は「口出しするな」という意味です。

起こさないであげて

Don't wake them up.

ドント　　　　ウェイク　　　　　ゼマップ

🔊 Track 122

wake人upで「人を起こす」という意味です。Can you wake me up at 6 tomorrow?（明日6時に起こしてくれる？）のような感じで使います。

It's already 7.
もう7時だよ

Don't wake them up.
起こさないであげて

MEMO　ホテルのドアノブにかけるDo Not Disturbも「起こさないでください」という意味です。

たまらない
This tastes great.

ディス　　　テイスツ　　　　グレイト

◀))) Track 123

Tastes great.は「おいしい」という意味です。greatはawesomeなどに代えてもいいでしょう。

This tastes great.
たまらない

I'm in seventh heaven.
最高の気分だね

MEMO　　I'm in seventh heaven.はとても幸せな気持ちを表すフレーズです。

寝落ちしそう
I'm about to fall asleep.

アィマバウトゥ　　　　　フォール　　　アスリープ

🔊 Track 124

be about to 〜は「まさに〜しようとしているところだ」という意味です。「今まさに」を強調したいときは、be と about の間に just を入れます。

I'm about to fall asleep.
寝落ちしそう

Don't go to sleep yet!
まだ寝ないで！

MEMO

be 動詞を過去形にすると、「まさにしようとしていた（のにしなかった）」というニュアンスになります。

145

熟睡中です

They're sleeping so soundly.

ゼイアー　　　　スリーピング　　　ソー　　　サウンドリー

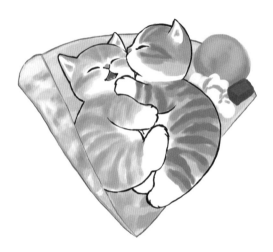

🔊 Track 125

soundlyには「(眠りが) 深く」という意味があり、sleep soundlyで「ぐっすり眠る」という意味になります。sleep well、sleep like a log/babyともいいます。

They're sleeping so soundly.

熟睡中です

I'll put a blanket on them.

毛布を掛けてあげようっと

MEMO　sleep like a logのlogは「丸太」のことです

疲れが取れました
I feel refreshed.

アィ　フィール　　　　リフレッシュト

🔊 Track 126

refreshには「元気を回復させる」という意味があります。日本語でも「リフレッシュする」という表現になっているので、イメージしやすいですね。

I feel refreshed.
疲れが取れました

I'm glad to hear that.
よかったね

MEMO

I'm glad to hear that.は、相手の話を聞いて喜んだり安堵したりしたときに使います。

体をよーく伸ばします

I'm gonna stretch really good.

アィム　　ガナ　　ストレッチ　　リィアリー　　グッ

🔊 Track 127

stretchは「伸ばす」という意味です。もちろん「ストレッチする」という意味でも使うことができます。

I'm gonna stretch really good.

体をよーく伸ばします

You're stretching well.

よく伸びてるね

MEMO

That's a stretch.というと「無理がある」「こじつけだ」という意味のスラングになります。

148

おつかれだね

You must be tired.

ユー　　　　マスト　　　　ビー　　　　タイヤード

あいさつの「おつかれさまです」に該当する英語はありません。

You must be tired.
おつかれだね

Yes, I'm very tired.
そうなの、とてもつかれた

MEMO

mustには「〜しなければならない」のほかに「〜に違いない」という意味が
あります。

ゆっくり休んで

Rest well.

レスト　　　　ウェル

🔊 Track 129

「よく休んでね」という意味で、体調が悪い人や疲れている人にかける言葉です。Get some rest.ともいい、someが入っていますが、ゆっくり休んでほしいときに使います。

I don't feel well, so I'm heading home.
具合が悪いから家に帰るね

Rest well.
ゆっくり休んで

MEMO　**Have a good rest.**というもいい方もあります。

いい夢見てね
Sweet dreams.
スウィート　　　　　ドリームス

🔊 Track 130

Good night.（おやすみなさい）の後にいうフレーズです。このsweetは「甘い」ではなく、「よい」という意味です。

Good night. Sweet dreams.
おやすみ。いい夢見てね

Good night. Have sweet dreams.
おやすみ、あなたもね

MEMO 「楽しいときを過ごしてね」というときはhave a good timeというフレーズを使います。

SNSの英語フレーズ [Social media] 🔊 Track 131

I joined Instagram.

インスタを始めました

joinはSNSを「始める」「開設する」という意味でよく使われています。openを使うこともできます。

COLUMN

Feel free to follow me.

よかったらフォローしてね

Feel free to 〜は「気軽に〜する」という意味。Follow me!とダイレクトにいうことも多いです。

Can I post this on my Instagram?

これをインスタに投稿してもいいですか？

postはSNSなどに「投稿する」という意味です。

This cake is instagrammable.

このケーキはインスタ映えします

instagrammableは「インスタ映え」を意味する
造語です。This cake is great for Instagramとい
うこともできます。

DM me!

DMして！

DMはdirect messageの略で、英語では動詞と
しても使われます。SNSによっては、personal
messageを略したPMが使われることもありま
す。

The tweet has gone viral.

ツイートがバズった

「バズる」はgo viralといいます。viralは「ウイ
ルス性の」という意味で、急速に広がる様子を
表しています。

INDEX
さくいん

| イラスト | ぢゅの |
| 監修 | 株式会社スパイラルキュート |

装丁・本文デザイン	鈴木章、小松礼（skam）
DTP	田端昌良（ゲラーデ舎）
執筆協力	山崎香織
英文協力	嶋本ローラ
録音協力	嶋本ローラ、久米由美（スタジオスピーク）
校正	ワット・ジェイムズ、宮本俊夫
編集人	伊藤光恵（リベラル社）
編集	中村彩（リベラル社）
営業	竹本健志（リベラル社）
制作・営業コーディネーター	仲野進（リベラル社）

編集部　鈴木ひろみ・尾本卓弥・安永敏史
営業部　津村卓・澤順二・津田滋春・廣田修・青木ちはる・持丸孝・坂本鈴佳

mofusand の英会話

2023 年 6 月 24 日　初版発行
2024 年 9 月 1 日　再版発行

編　集	リ ベ ラ ル 社
発行者	隅 田 直 樹
発行所	株式会社 リベラル社
	〒460-0008 名古屋市中区栄 3-7-9 新鏡栄ビル8F
	TEL 052-261-9101　FAX 052-261-9134
	http://liberalsya.com
発　売	株式会社 星雲社（共同出版社・流通責任出版社）
	〒112-0005 東京都文京区水道1-3-30
	TEL 03-3868-3275

印刷・製本所　株式会社 シナノパブリッシングプレス